LA LUNA

Lynn M. Stone

Rourke
Educational Media

rourkeeducationalmedia.com

www.rourkeeducationalmedia.com

PHOTO CREDITS: Title page: © Alexey Stiop; page 4: © pinobarile; page 5: © NASA; page 6: © Sebastian Kaulitzki; page 7: © Mehmet Salih Guler; page 8: © Clint Spencer; page 9: © Michael Brake; page 10: © Varina and Jay Patel; page 11: © NASA; page 12: © NASA; page 13: © NASA; page 14: © Lynn Stone; page 15: © Johnny Lye; page 16: © NASA; page 17: © Ufuk ZIVANA, NASA; page 18-22: © NASA

Editor: Meg Greve
Cover and Interior designed by Tara Raymo
Translation by Dr. Arnhilda Badía

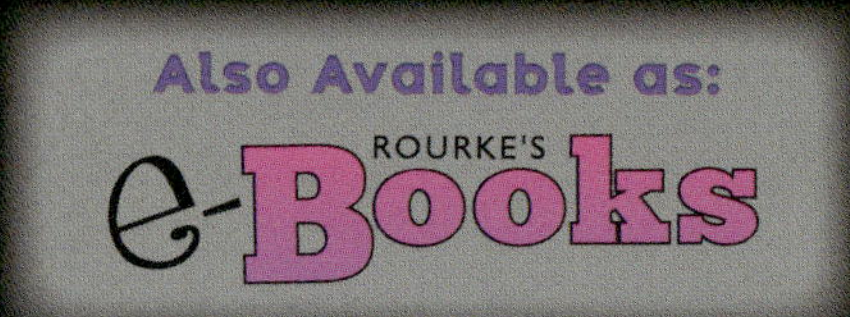

Stone, Lynn M.
La luna / Lynn M. Stone
ISBN 978-1-62717-253-0 (soft cover - Spanish)
ISBN 978-1-62717-447-3 (e-Book - Spanish)
ISBN 978-1-60472-294-9 (hard cover - English) (alk. paper)
ISBN 978-1-60472-955-9 (soft cover - English)
ISBN 978-1-61590-747-2 (e-Book - English)

Rourke Educational Media
Printed in the United States of America,
North Mankato, Minnesota

rourkeeducationalmedia.com
customerservice@rourkeeducationalmedia.com • PO Box 643328 Vero Beach, Florida 32964

CONTENIDO

LA LUNA

La Luna es un objeto de grandes dimensiones, en forma de bola en el espacio ultraterrestre. Es el vecino más cercano a la Tierra en el **Sistema Solar**, y aún así está todavía a unas 238,857 millas (384,403 kilómetros) de la Tierra. Ésta es aproximadamente la misma distancia que dar 10 veces la vuelta alrededor de la parte más ancha del planeta Tierra.

La temperatura en la Luna es usualmente entre -276 y 232 grados Fahrenheit (-171 y 111 grados centígrados).

Todos los objetos en nuestro Sistema Solar viajan alrededor del Sol en trayectorias llamadas **órbitas**. Los **planetas** orbitan el Sol, mientras que la Luna orbita la Tierra.

Debido a que la Luna está rotando mientras está orbitando alrededor de la Tierra, siempre vemos el mismo lado de la Luna.

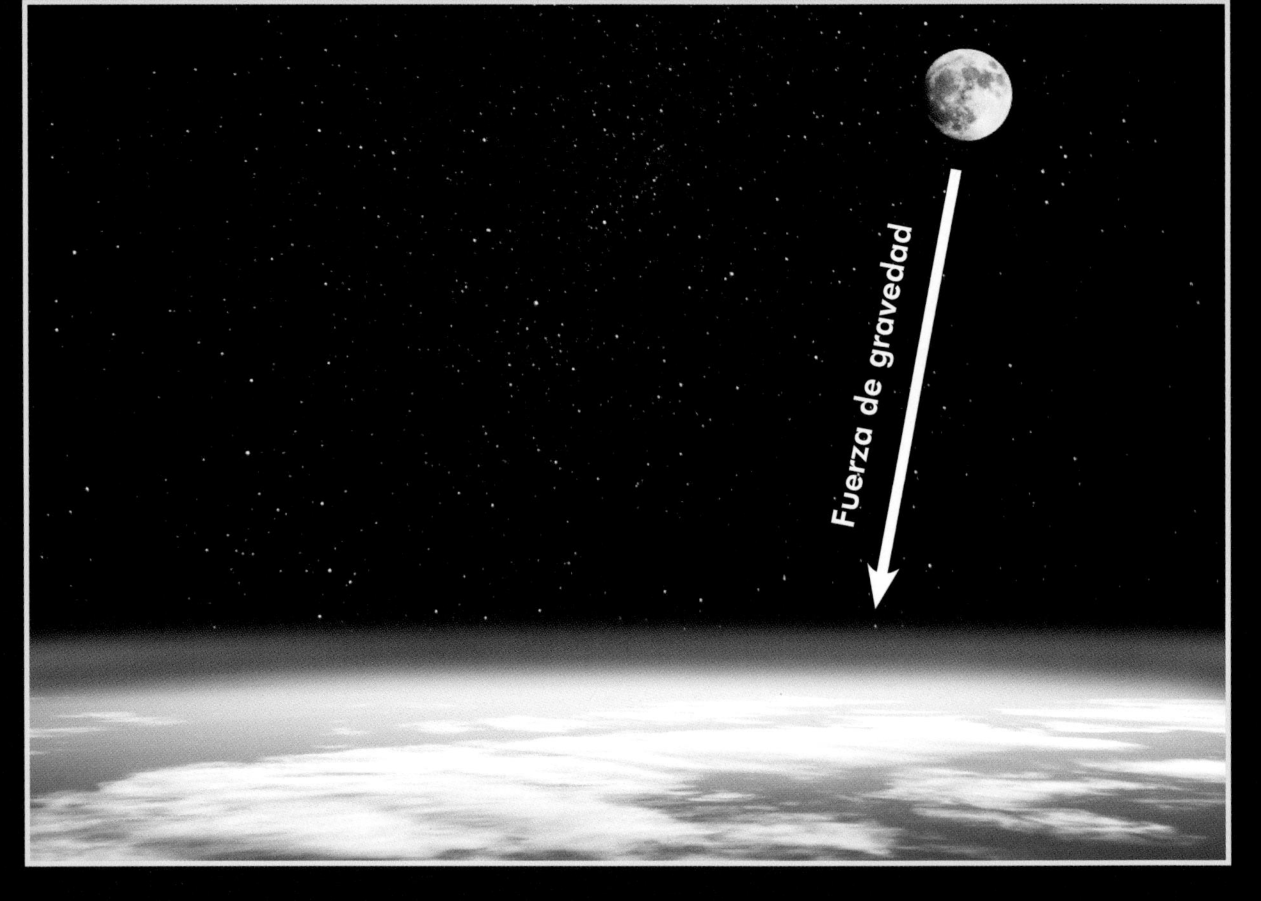

   Una poderosa fuerza de atracción desde la Tierra llamada gravedad mantiene a la Luna en su órbita. La Luna tiene su propia fuerza de gravedad pero es menos poderosa.

La fuerza de gravedad de la Luna y el Sol causa las mareas oceánicas.

La Luna es muy diferente de la Tierra. La Luna no tiene aire, ni agua líquida, ni vida propia.

La Luna es aproximadamente 80 veces más pequeña que la Tierra.

11

La Luna es rocosa y está cubierta de polvo. Las montañas, los valles y los **cráteres** cubren su superficie. Los cráteres de los **polos** de la Luna contienen hielo.

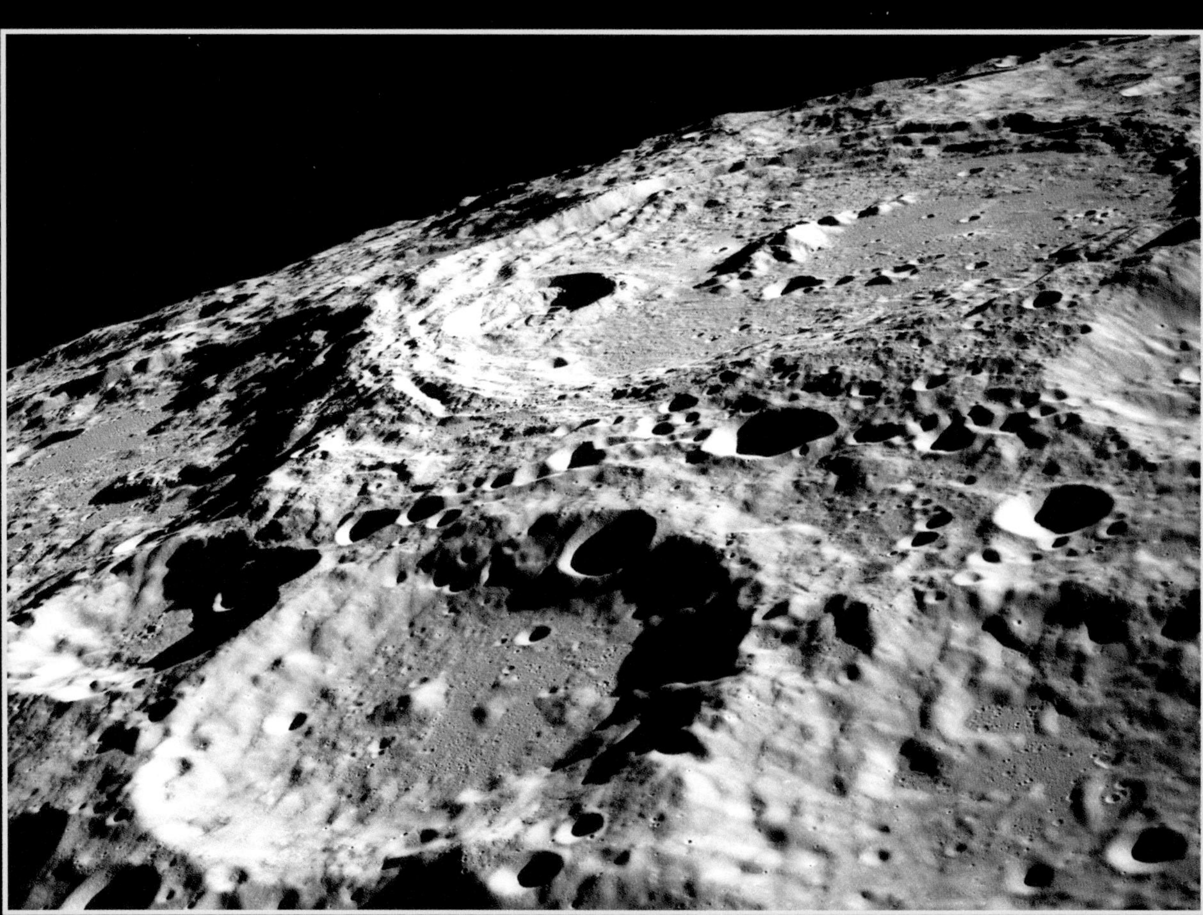

Los científicos creen que los cráteres de la Luna fueron formados por choques de meteoros.

LA LUZ DE LA LUNA

Durante la fase llamada Luna Llena, la Luna parece una bola grande y brillante.

La luz de la Luna es en realidad la luz del Sol **reflejada** en la superficie de la Luna.

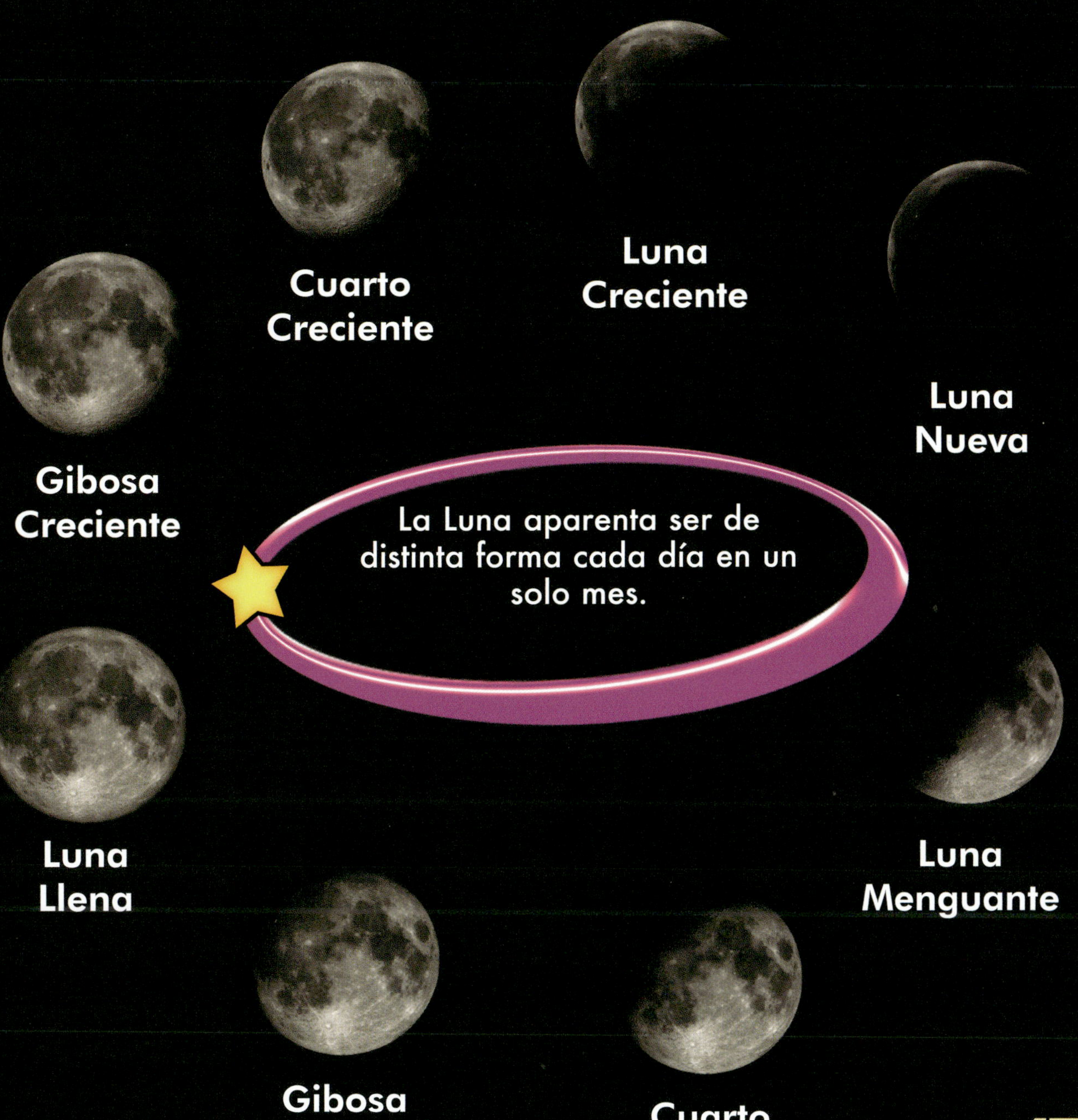

Cuarto Creciente
Luna Creciente
Luna Nueva
Gibosa Creciente
Luna Menguante
Luna Llena
Gibosa Menguante
Cuarto Menguante
La Luna aparenta ser de distinta forma cada día en un solo mes.

Cuando el Sol, la Tierra y la Luna están alineados, la sombra de la Tierra bloquea la luz del Sol a la Luna. A ésto le llamamos **eclipse lunar**.

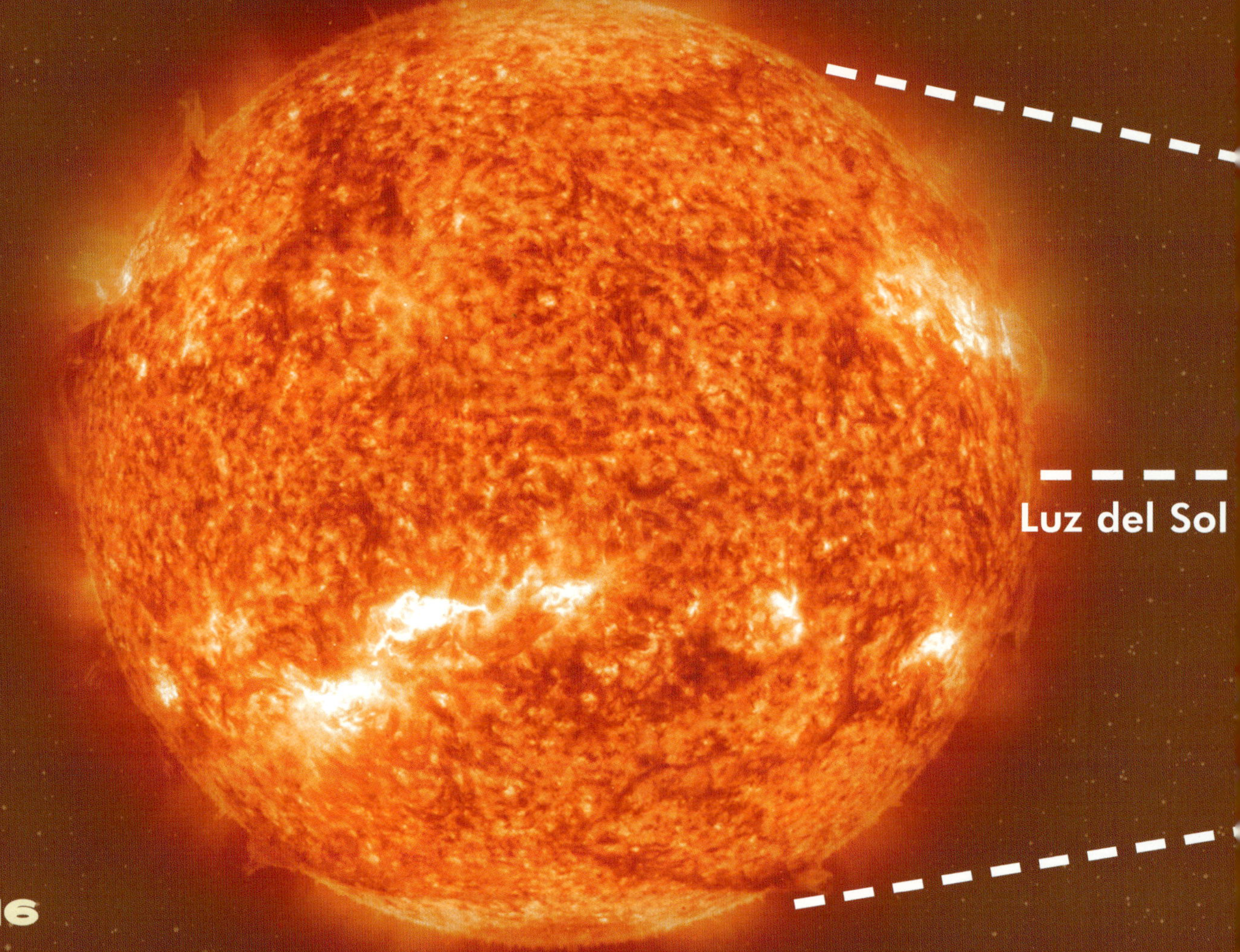

Los eclipses lunares son más comunes que los eclipses de Sol.
La sombra de la Tierra

LOS ASTRONAUTAS EN LA LUNA

Entre los años 1969 y 1972, varios astronautas norteamericanos caminaron en la Luna. Neil Armstrong fue la primera persona en pararse sobre la superficie lunar.

La bandera norteamericana no significa
que Estados Unidos de América sea dueño
de la Luna. A ningún país le está permitido
apropiarse de la Luna, ni de las estrellas,
ni de otros planetas en el espacio
ultraterrestre.

Los astronautas tienen que llevar con ellos
todo lo que puedan necesitar para sus visitas a
la Luna, incluyendo el aire para poder respirar.

Los astronautas usan trajes
especiales con su propio
suministro de aire.

21

Los científicos esperan que un día podamos visitar la Luna de nuevo. ¡Uno de ellos podrías ser tú!

El nuevo transbordador espacial Ares I, podría mandar personas hacia la Luna alrededor del 2020.

GLOSARIO

astronautas: tripulantes de naves espaciales que viajan a grandes altitudes, con frecuencia dentro del espacio ultraterrestre

cráteres: huecos o depresiones en la superficie de la Luna

orbita: cuando un objeto se mueve alrededor de otro en una trayectoria circular

polos: los dos puntos más alejados del centro

lunar: referido a la Luna

eclipse lunar: la sombra de la Tierra impide que los rayos del Sol lleguen a la Luna

planetas: grandes objetos en forma de bola, que en el espacio ultraterrestre giran alrededor del Sol

reflejar: devolver la imagen de algo o alguien

Sistema Solar: el Sol y aquellos objetos en el espacio ligados por la gravedad

ÍNDICE

LECTURAS ADICIONALES

Bingham, Caroline. First Space Encyclopedia. DK Publishing, 2008.

Kerrod, Robin. Moon. Lerner, 2003.

Twist, Clint. The Moon. School Specialty Publishing, 2006.

PÁGINAS WEB PARA VISITAR

www.frontiernet.net/~kidpower/astronomy.html

www.kidsastronomy.com/earth/Moons.html

www.content.scholastic.com/browse/article.jsp?id=4850

ACERCA DEL AUTOR

Lynn M. Stone es un fotógrafo que ampliamente ha publicado fotografías de la vida salvaje y doméstica de animales y es autor de más de 500 libros de niños. Su libro, Box Turtles fue seleccionado como un libro excepcional de ciencias y como Selectors' Choice en el 2008 por el Comité de Ciencias de la Asociación Nacional de maestros y del Consejo de libros para niños.